Das Klassenzimmer als Redaktion. Das Projekt "Geschichtszeitung"

Oliver Kamm

Bibliografische Information der Deutschen Nationalbibliothek:

Die Deutsche Nationalbibliothek verzeichnet diese Publikation in der Deutschen Nationalbibliografie; detaillierte bibliografische Daten sind im Internet über http://dnb.d-nb.de abrufbar.

ISBN: 9783389053140
Dieses Buch ist auch als E-Book erhältlich.

Druck und Bindung: Books on Demand GmbH, Norderstedt Germany
Gedruckt auf säurefreiem Papier aus verantwortungsvollen Quellen

Das vorliegende Werk wurde sorgfältig erarbeitet. Dennoch übernehmen Autoren und Verlag für die Richtigkeit von Angaben, Hinweisen, Links und Ratschlägen sowie eventuelle Druckfehler keine Haftung.

Das Buch bei GRIN: https://www.grin.com/document/1494670

Julius-Maximilians-Universität Würzburg

Philosophische Fakultät

Institut für Geschichte

Lehrstuhl für Didaktik der Geschichte

Vertiefungsseminar zur Didaktik der Geschichte: Handlungsorientierter Geschichtsunterricht

Sommersemester 2019

Das Klassenzimmer als Redaktion

Das Projekt „Geschichtszeitung"

Vorgelegt von:

Oliver Kamm

Geschichte/Englisch Gymnasiallehramt

5. Fachsemester

Inhaltsverzeichnis

1. Einleitung

Die vorliegende Hausarbeit „Das Klassenzimmer als Redaktion – Das Projekt ‚Geschichtszeitung'" befasst sich mit dem journalistisch inspirierten Projekt zur Erstellung einer Zeitung zu einem ausgewählten Thema im Geschichtsunterricht. Diesem Projekt „Geschichtszeitung" kommt im Rahmen des handlungsorientierten Geschichtsunterrichts eine mögliche Bedeutung zu, da hier für die Schülerinnen und Schüler das selbstständige Gestalten und das Schreiben eigener Texte im Vordergrund stehen.

Der Anteil an Schülern, welche in ihrer Schullaufbahn ein solches Projekt im Geschichtsunterricht umsetzen, ist sehr gering. Auch in dem Seminar „Handlungsorientierter Geschichtsunterricht" im Sommersemester 2019 an der Julius-Maximilians-Universität Würzburg war die „Geschichtszeitung" nur wenigen Studenten aus ihrer Schulzeit überhaupt bekannt.[1] Die Anzahl der wissenschaftlichen Arbeiten zum Thema Geschichtszeitung ist gering und Beispiele für die Umsetzung sind kaum vorhanden.

Das erste Kapitel des Hauptteils „Eine Brücke zwischen Vergangenheit und Gegenwart – Die Geschichtszeitung" gibt einen allgemeinen Überblick, was eine Geschichtszeitung ist und woraus sie besteht. Des Weiteren soll kurz auf ihre Rolle im Kontext Handlungsorientierung eingegangen werden.

Im darauffolgenden Kapitel „Schüler werden zu Redakteuren – Die Umsetzung des Projekts" wird behandelt, wie die Arbeit mit dem Medium „Geschichtszeitung" im Unterricht abläuft und welche Rolle der Lehrkraft dabei zukommt. Ebenso wird auf die Argumente eingegangen, ob ein solches Projekt sinnvoll ist. Letztendlich soll sich herausstellen, ob sich die Arbeit mit Geschichtszeitungen im Geschichtsunterricht lohnt.

Das letzte Kapitel „Das Beispiel: ‚Patriote français'" geht nochmal anhand von Beispielen genauer auf den möglichen Aufbau und die Umsetzung des Projektes ein. Außerdem ist ein Schaubild des gewählten Beispiels, der Geschichtszeitung „Patriote français" beigefügt.

---

[1] Hier gehe ich kurz auf meine Erfahrungen und Wahrnehmungen ein, welche ich im Geschichtsstudium und im Seminar, in dessen Rahmen diese Arbeit entsteht, zum Thema „Geschichtszeitung" gesammelt habe.

2. Das Klassenzimmer als Redaktion
Das Projekt „Geschichtszeitung"

2.1 Eine Brücke zwischen Vergangenheit und Gegenwart – Die Geschichtszeitung

Bei der Geschichtszeitung handelt es sich um ein Medium, das den Anschein erwecken soll, es handle sich um eine zeitgenössische Berichterstattung vergangener Ereignisse, welches jedoch meist in der Manier einer aktuellen Zeitung gestaltet ist. Sie soll sich in erster Linie an die allgemeine Leserschaft von Zeitungen richten, bei welcher historisches Methodenbewusstsein nicht in gleicher Weise vorausgesetzt werden kann wie bei historischem Fachpersonal.[2] Als vertrautes Medium „Zeitung" können Geschichtszeitungen dabei helfen, die Aktualität von Geschichte zu betonen, indem sie das Interesse der Leser für Geschichte verstärken und mögliche Parallelen zwischen historischen und heutigen Umständen erkennbar machen können. Dadurch kann das Bewusstsein der Leser für die Vergangenheit verbessert und die Gegenwart durch die gewonnenen Kenntnisse über Geschichte für die Leser begreifbarer werden.[3] Diese „Gegenwartsorientierung" ist nach der Ansicht vieler Lehrkräfte eine der wichtigsten Fähigkeiten, welche auch mit dem Geschichtsunterricht geschult werden.[4] Dies kann auf verschiedene Weisen erfolgen. Ein bekanntes Konzept ist der „Handlungsorientierte Geschichtsunterricht". Nach der Ansicht der Ludwigsburger Geschichtsdidaktikerin Bärbel Völkel ist die Handlungsorientierung sinnvoll, da die Schüler das, was sie handelnd erarbeitet haben, besser verstehen und bewahren würden. Handlungsorientierter Unterricht ist durch Eigenaktivität und das selbstständige Arbeiten der Lernenden gekennzeichnet.[5] Am Ende dieses Unterrichts steht meistens ein Produkt[6] und um ein solches Produkt handelt es sich bei der Geschichtszeitung. Da der Geschichtsunterricht sich zum größten Teil mit Ereignissen beschäftigt, denen eine

---

[2] Hantsche, Irmgard: Zwischen Quelle und Fiktion. Aktualisierung von Geschichte in historischen Zeitungen, in: Henke-Bockschatz, Gerhard (Hg.): Geschichte und historisches Lernen. Jochen Huhn zum 65. Geburtstag, Kassel 1995, S. 72.
[3] Ebenda, S. 71 u. 78-83.
[4] Barricelli, Michele: Schüler erzählen Geschichte. Narrative Kompetenz im Geschichtsunterricht, Schwalbach 2005, S. 175.
[5] Völkel, Bärbel: Handlungsorientierung im Geschichtsunterricht, Schwalbach 2005, S. 5-14.
[6] Ebenda, S. 17.

4

große Bedeutung zukommt, sowie dies auch moderne Zeitungen tun, eignet sich die journalistische Arbeit auch für den Geschichtsunterricht. Zu den journalistisch inspirierten Textformen zählt als einfachste Form der sachliche und namentlich nicht gekennzeichnete informative Bericht, der sich nahezu für jedes Geschehnis eignet. Als eine etwas anspruchsvollere Textform gilt der Kommentar, welcher die eigene Ansicht des Verfassers zu einem berichteten Ereignis enthält. Er soll zur Meinungsbildung anregen und bezieht sich meist auf einen Artikel aus der Ausgabe, in welcher er erscheint.[7] Eine Steigerung dieser journalistischen Schreibformen stellt die Glosse dar, die oft satirisch und bewusst zugespitzt ausgelegt ist. Sie eignet sich vor allem für Affären und Skandale. Natürlich gehört auch die Reportage als umfassender Text mit sachlichen Informationen und subjektiven Wahrnehmungen dazu, inklusive einer Schilderung des Geschehenen. Der Reportage geht meist eine Schilderung der Ereignisse voraus, dann folgt die Reportage mit dem Fokus auf größere Zusammenhänge und der Wiedergabe von persönlichen Wahrnehmungen.[8] Des Weiteren können Interviews mit historischen Persönlichkeiten, die sich für jede Epoche und jedes Ereignis eignen, in die Geschichtszeitung Einzug erhalten. Auch Nachrufe auf historische Persönlichkeiten eignen sich. Sie dienen in der Geschichtszeitung vor allem zur Verinnerlichung des Wissens über eine große historische Gestalt. Als die Großform all dieser journalistischen Textarten gilt das Projekt der Geschichtszeitung, welche eine Art Sammelwerk darstellt und um Bilder und weitere typische Aspekte einer Zeitung ergänzt werden muss.[9]

2.2 Schüler werden zu Redakteuren – Die Umsetzung des Projekts

Die Geschichte des Massenmediums „Zeitung" reicht bis zu den Anfängen der Neuzeit zurück. Ihr Begriff geht mit der Chronologie der Geschichte einher und taucht immer wieder auf.[10] Explizit für den Geschichtsunterricht liegt die Arbeit mit Geschichtszeitungen nahe. Die Erstellung einer Geschichtszeitung fordert von den Schülern, sowohl geschichtswissenschaftlich als auch journalistisch zu arbeiten und kann dadurch die Freude

---

[7] Memminger, Josef: Schüler schreiben Geschichte. Kreatives Schreiben im Geschichtsunterricht zwischen Fiktionalität und Faktizität, Schwalbach 2007, S. 227-229.
[8] Ebenda, S. 231-239.
[9] Ebenda, S. 240-244.
[10] Pollmann, Ruth Fiona: Hands-on, minds-on. Theoretische Grundlagen zur handlungsorientierten Arbeit mit Zeitungen im Geschichtsunterricht, in: Kuchler, Christian; Städter, Benjamin (Hg.): Zeitungen von gestern für das Lernen von morgen? Historische Tagespresse im Geschichtsunterricht, Göttingen 2016, S. 89.

am Unterricht fördern. Die Geschichtszeitung bietet eine Kommentierung aus der Gegenwart heraus. Die Schüler und die späteren Leser lernen, dass meistens die historischen Darstellungen den ideologiegebundenen Wertungen ihrer Entstehungszeit unterliegen. So ist auch die historische Forschung ein Bildnis ihres Zeitgeists.[11]

Für die Erstellung einer Geschichtszeitung ist eine historische Simulation notwendig. Die Schülerinnen und Schüler sollen sich in die Situation von Zeitgenossen des gewählten Zeitabschnittes versetzen und die journalistischen Texte anfertigen. Als besonders gut geeignet gelten für die journalistischen Texte dramatische Zeiten des Umbruchs, wie beispielsweise die Französische Revolution. Bei der Erstellung kann man sich, sofern vorhanden, an historischen Vorbildern orientieren und durch die Wahl politisch unterschiedlich ausgerichteter Zeitungen die multiperspektive Sichtweise einbringen.[12] Die Multiperspektivität ist das historische Lernprinzip, das bei der Arbeit mit einer historischen Zeitung die wichtigste Rolle spielt. Denn die Schüler versetzen sich in die Lage der Menschen aus der Vergangenheit und betrachten die historischen Gegebenheiten aus verschiedenen Blickwinkeln.[13] Die Geschichtszeitung stellt einen wissenschaftlichen Ansatz dar. Deswegen stellt sich an sie die Forderung nach großer historischer Genauigkeit, die eine intensive Quellenarbeit erfordert, um dem heutigen Forschungsstand zu genügen. Sollte sie dies nicht, kann sie ihre Leser zu falschen Urteilen verleiten und sie so möglicherweise daran hindern, ein ausgeprägtes Geschichtsverständnis zu entwickeln. Auch sie muss sich jedoch durch ihren begrenzten Umfang auf geeignete Themen beschränken. Die Themenschwerpunkte sollten nach geschichtsdidaktischen Prinzipien gesetzt werden. Ihre Texte sollen sowohl informativ sein und sollen das historische Denken anregen, als auch einen bestimmten Unterhaltungswert besitzen.[14] Die typischen Merkmale dieser journalistischen Textformen sollten mit den Schülern vorab im Unterricht besprochen worden sein. Oft ist dies schon früher im Fach Deutsch geschehen.[15] Dann werden die Schüler in verschiedene Gruppen eingeteilt, welche die Rolle der Redaktionen übernehmen sollen. Das Thema der Geschichtszeitung kann ein bestimmtes Ereignis oder ein kompletter Zeitraum sein und entsprechend als Wochen- oder Monatszeitung erscheinen. Je nachdem gestalten die einzelnen Schülergruppen einen Artikel oder eine oder mehrere Seiten in der

---

[11] Hantsche, Zwischen Quelle und Fiktion (wie Anm. 2), 1995, S. 71-72.
[12] Sauer, Michael: Geschichte unterrichten. Eine Einführung in die Didaktik und Methodik, Seelze 2015[10], S. 304-305.
[13] Bergmann, Klaus: Multperspektivität, in: Mayer, Ulrich; Pandel, Hans-Jürgen; Schneider, Gerhard (Hg.): Handbuch Methoden im Geschichtsunterricht, Schwalbach 2011, S. 65-68.
[14] Hantsche, Zwischen Quelle und Fiktion (wie Anm. 2), 1995, S. 73-76.
[15] Pollmann, Hands-on, minds-on (wie Anm. 10), 2016, S. 98.

Zeitung. Die Arbeit an dem Projekt findet meistens in einem geeigneten Computerraum statt, was einige organisatorische Anforderungen mit sich bringt.[16] Man kann das Projekt auch ohne Computer realisieren, indem man aus echten Zeitungen Ausschnitte entnimmt und diese entsprechend zusammenfügt, doch verliert die Arbeit damit an professionellem Anschein, den sie anstrebt. Die formierten Schülerredaktionen haben die Aufgabe, sich umfassend über das Thema zu informieren und das nötige Material dafür zu recherchieren und zusammenzutragen. Dann sollten sich die jungen Zeitungsredakteure auf das historische Erscheinungsdatum ihrer Zeitung einigen und sich inhaltlich festlegen. Nachdem die journalistischen Texte verfasst wurden, müssen sie redigiert und auf die geeignete Länge gebracht werden. Schließlich werden sie in das passende Layout der Geschichtszeitung eingefügt. Die Lehrperson hat dabei die Aufgabe, die Schüler einzuteilen und für die Themenwahl, die historischen Daten und die Materialbeschaffung Vorschläge zu machen. Des Weiteren muss sie sich um die technische Ausstattung bemühen, die für die Erstellung nötig ist, und während der Bearbeitung eine beratende Tätigkeit einnehmen.[17]

Im allgemeinen Geschichtsunterricht entsteht bei den Schülerinnen und Schülern oft der Eindruck, dass der geschichtliche Ablauf nur aus wichtigen politischen Ereignissen besteht. Die Geschichtszeitung soll ihn dahingehend ergänzen, dass sie aufzeigt, dass bereits den Menschen in früheren Zeiten vielfältige Themen im Leben wichtig waren. Es stellt sich deshalb an die Zeitung die Forderung, den Zeitgeist des von ihr thematisierten Abschnitts so gut wie möglich auszudrücken und deshalb ihre Texte auch dementsprechend sprachlich anzupassen. Eine Gefahr dabei ist, dass die Zeitung von späteren Lesern als zeitgenössische Quelle fehlinterpretiert werden könnte und zu falschen Eindrücken verleiten könnte. Deshalb stellt sich die Frage, ob die Arbeit mit einer Geschichtszeitung und deswegen auch die Erstellung einer solchen im Unterricht sinnvoll ist oder eher als ungeeignet abgelehnt werden sollte.[18] Allgemein ist das Projekt „Geschichtszeitung" im Schulunterricht nur mit großem Aufwand umzusetzen. Denn selbst für Studenten der Geschichte ist die Arbeit an einer Geschichtszeitung mit viel Zeitaufwand und Mühe verbunden.[19] Für die Lehrperson bringt die Vorbereitung der technischen Ausstattung die größten Schwierigkeiten mit sich. So ist in jedem Fall zu fragen, ob sich der Aufwand für den entsprechenden Geschichtskurs lohnt. Nach der Ansicht des Geschichtsdidaktikers Michael Sauer ist die Umsetzung des Projekts

---

[16] Memminger, Schüler schreiben Geschichte (wie Anm. 7), 2007, S. 227 u. 242-243.
[17] Sauer, Geschichte unterrichten (wie Anm. 12), 2015, S. 305
[18] Hantsche, Zwischen Quelle und Fiktion (wie Anm. 2), 1995, S. 72-82.
[19] Ebenda, S. 85.

meist nur in einem Leistungskurs sinnvoll.[20] Andererseits mag der Aufwand zwar immer sehr hoch bleiben, doch das Projekt bringt auch viele Bereicherungen für die Schülerinnen und Schüler mit sich. Denn die Erstellung der Geschichtszeitung fördert das selbstständige Arbeiten sowie das Denk- und Urteilsvermögen. In den Schülerredaktionen müssen Entscheidungen darüber getroffen werden, ob verschiedene Faktoren über das Lehrbuch hinaus für die Multiperspektivität des Geschichtsunterrichts von Bedeutung sind und diese müssen auch hinterher verteidigt werden. Die Geschichtszeitung kann die Vielfalt an Aspekten der Geschichtswissenschaft durch eine multiperspektive Ausrichtung besonders gut aufzeigen. Nach dem Vorbild einer echten Zeitung können sich die Schüler auch spezielleren Themen widmen und so neue Bereiche kennenlernen, welche im allgemeinen Geschichtsunterricht nicht vorgegeben sind. Sie bekommen ein besseres Gefühl dafür, wie stark Geschichte mit Recherche und genauesten Kenntnissen zusammenhängt und erhalten einen guten Einblick in die Arbeit von Historikern.[21] Durch die Übertragung der historischen Sachverhalte in Zeitungstexte fördern sie ihr historisches Denken und ihr Bewusstsein für Fiktionalität wird gestärkt.[22] Die Auswahl der Themen für die Texte fördert die in dem Kompetenzstrukturmodell des *LehrplanPLUS* für den Geschichtsunterricht in Bayern geforderte Urteilskompetenz. Ferner werden beim Erstellen der Texte die Narrative Kompetenz und durch die Reflexion journalistischer Texte die Methodenkompetenz aus dem Modell unterstützt.[23] Auch Michael Sauer hebt die Förderung der „Historischen Erarbeitung" hervor, welche die Schüler bei der selbstständigen Arbeit mit historischen Quellen erfahren.[24] Des Weiteren lernen sie sich in historische Situationen hineinversetzen und erfahren auch die Schwierigkeiten, die ein solches Verfahren mit sich bringt, beispielsweise wenn man gegenwärtig Selbstverständliches in die Vergangenheit übertragen möchte. Ebenfalls ist zu nennen, dass die Schülerinnen und Schüler ihr Gefühl für Sprache verbessern, indem sie angewiesen werden, in einer ihnen ungewohnten Sprache zu schreiben. Dabei erhalten sie einen Einblick in die Arbeit sowohl des Historikers wie des Journalisten und bekommen ein Gefühl für die Schwierigkeiten des jeweiligen Berufs, zum Beispiel für die Gefahr der Manipulation.[25] Während der Zusammenarbeit in den Schülerredaktionen wird das Soziale Lernen der Kinder unterstützt und für die Gestaltung

---

[20] Sauer, Geschichte unterrichten (wie Anm. 12), 2015, S. 305 u. 307.
[21] Hantsche, Zwischen Quelle und Fiktion (wie Anm. 2), 1995, S. 76-84.
[22] Memminger, Schüler schreiben Geschichte (wie Anm. 7), 2007, S. 227.
[23] Geschichte, Kompetenzorientierung im Fach Geschichte. Kompetenzstrukturmodell, in: Staatsinstitut für Schulqualität und Bildungsforschung München. URL: https://www.lehrplanplus.bayern.de/fachprofil/gymnasium/geschichte (letzter Zugriff: 03.09.2019).
[24] Sauer, Geschichte unterrichten (wie Anm. 12), 2015, S. 305.
[25] Hantsche, Zwischen Quelle und Fiktion (wie Anm. 2), 1995, S. 85.

des Layouts fördert die Arbeit mit dem Medium Computer. Die Redaktionen müssen darauf achten, bei ihren Texten festgelegte Formalia einzuhalten und trainieren damit ihre Kompetenz für sprachliche Darstellungsweisen.[26] Nicht zuletzt sollte das Erstellen einer Geschichtszeitung den Schülern Spaß am Unterricht bereiten und in besonderem Maße dabei das historische Fachwissen und das Bewusstsein für die Geschichte fördern.[27] Beim Betrachten der vorher genannten Aspekte kann insgesamt das Projekt als lohnenswert bezeichnet werden. Denn die Schüler werden bei dessen Durchführung zahlreiche Kompetenzen erwerben und ihr Wissen ausbauen und sowohl sie als auch die Lehrkräfte werden sich an das entstandene Produkt weiterhin erinnern.[28] Geschichtszeitungen sind als Begleitmedium zusätzlich zum Lehrbuch und historischen Quellen im Geschichtsunterricht zu befürworten.[29] Wie der Geschichtsdidaktiker Alexander Tittmann im Laufe dieses Seminars zu erkennen gegeben hat, ist die eigene Erstellung einer solchen Zeitung, aufgrund des hohen Zeitaufwands, besonders für den fächerübergreifenden Unterricht mit den Fächern Deutsch, Kunst oder auch Englisch geeignet.[30] Aus dem Projekt wird eine hohe Motivation für den Geschichtsunterricht gewonnen und das Endprodukt, die fertige Geschichtszeitung, ermöglicht einen großen Lernfortschritt und vermittelt ein befriedigendes Gefühl unter den Lernenden.[31]

2.3 Das Beispiel „Patriote français"

Am besten eignet sich die Durchführung des Projekts in der frühen Mittelstufe oder in der Oberstufe, da in der Zeit dazwischen die Motivation stark sinkt und in der neunten Klasse ihren altersbedingten Tiefpunkt erreicht.[32] Das Thema sollte im Unterricht vorab abgeklärt und von der Lehrkraft Hinweise zur Materialrecherche gegeben worden sein. Eine typische Aufgabenstellung für das Projekt muss die Schritte beinhalten, die für die Durchführung nötig sind. Des Weiteren muss dort stehen, dass das Layout der Zeitung, also Schrift, Spaltenzahl und weitere Formalia einheitlich sein sollten. Ebenfalls haben die Schüler die Aufgabe, einen Namen für ihre Zeitung festzulegen. Weitere Hinweise auf die gewünschte

---

[26] Sauer, Geschichte unterrichten (wie Anm. 12), 2015, S. 305.
[27] Hantsche, Zwischen Quelle und Fiktion (wie Anm. 2), 1995, S. 85.
[28] Memminger, Schüler schreiben Geschichte (wie Anm. 7), 2007, S. 243.
[29] Hantsche, Zwischen Quelle und Fiktion (wie Anm. 2), 1995, S. 83.
[30] Tittmann, Alexander: Anm. zu Referat des Autors, 31.05.2019.
[31] Sauer, Geschichte unterrichten (wie Anm. 12), 2015, S. 307.
[32] Barricelli, Schüler erzählen Geschichte (wie Anm. 4), 2005, S. 173-174.

Verwendung der verschiedenen journalistischen Textformen, wie Bericht oder Kommentar, können folgen. Dies wäre nach Memminger der klassische Inhalt der Aufgabenstellung für das Projekt. Fotos und weitere Abbildungen sollen die verschiedenen Beiträge veranschaulichen und sind mit passenden Unterschriften zu versehen.[33] Es ist sinnvoll, die Geschichtszeitung nach der Vorlage einer aktuellen Zeitung in verschiedene Rubriken eingeteilt zu gestalten, um einen Überblick über die verschiedenen historischen Bereiche zu ermöglichen. Dies verdeutlicht die Komplexität und Multiperspektivität von Geschichte.[34] Man kann jedoch auch die Simulation der historischen Wahrnehmungsperspektive so weit gehen lassen, dass man eine historisch existente Zeitung als Vorbild nimmt[35] und sich auch sprachlich deren Stil annähert. So könnte dieselbe Schriftart benutzt werden, wie beispielsweise alte Frakturschrift, oder alte Redewendungen aufgegriffen werden. Auch Zitate aus alten Zeitungstexten sind möglich. Allerdings sollten die sprachlichen Mittel nicht in übertriebener Weise übernommen werden, da sie den Text für heutige Leser unverständlich machen könnten. Inhaltlich muss darauf geachtet werden, dass die bedeutsamen historischen Gegebenheiten verständlich sind, aber auch das Interesse des Lesers aufrechterhalten wird. Oft ist es nötig, einen komplett eigenen Text zu verfassen, um den Anforderungen gerecht zu werden.[36] Um die Vorbereitung der Zeitung und die allgemeine Arbeit an den Seiten voranzutreiben, kann die Lehrperson die Details der Formalia vorgeben und Anregungen zu ihrer Gestaltung geben.[37] Ein Beispiel dafür ist in der geschichtsdidaktischen Reihe „Geschichte unterrichten" zu finden. Michael Sauer hat darin ein Beispiel aus dem Unterricht des Gymnasiallehrers Michael Seeger übernommen.[38] Der „Patriote français" entstand in einem Leistungskurs der Jahrgangsstufe 12 und umfasst 16 Seiten. Er basiert auf dem realen Vorbild des Jakobiners Jacques Pierre Brissot aus der Zeit der Französischen Revolution, ist jedoch dem Layout einer heutigen Zeitung mit voneinander getrennten Rubriken nachempfunden. Der Zeitungsname ist wie bei heutigen Zeitungen auf der Titelseite ganz oben zu finden, aber in altmodischer Schrift gehalten. Zwischendrin ist als Symbol der Zeitung die Jakobinermütze abgebildet und unter dem Namen die Ausrichtung der Zeitung in drei Worten wiedergegeben, wie dies auch bei vielen aktuellen Zeitungen vorzufinden ist. Eine Zeile darunter ist wie heute meist üblich die Zeitungsnummer und der Jahrgang sowie der Name des Herausgebers zu lesen. Ganz rechts

---

[33] Memminger, Schüler schreiben Geschichte (wie Anm. 7), 2007, S. 243-244.
[34] Hantsche, Zwischen Quelle und Fiktion (wie Anm. 2), 1995, S. 78-80.
[35] Sauer, Geschichte unterrichten (wie Anm. 12), 2015, S. 304-305.
[36] Hantsche, Zwischen Quelle und Fiktion (wie Anm. 2), 1995, S. 73 u. 80.
[37] Sauer, Geschichte unterrichten (wie Anm. 12), 2015, S. 305.
[38] Ebenda, S. 306.

daneben steht das Datum, wofür ein reales historisches Datum gewählt wurde. Ebenfalls wie bei vielen heutigen Zeitungen ist rechts an der Seite des Titelblatts ein Kasten zu finden, auf welchem die Kaufpreise für den „Patriote Français" für Frankreich, aber auch für das Ausland zu lesen sind. Daneben ist in dem Kasten eine Grafik der französischen Flagge zu sehen. Der Kasten ist als Einziges bunt gestaltet, wird dadurch hervorgehoben und gibt der Zeitung ein aktuelles Erscheinungsbild.[39] Die Hälfte der Titelseite ist durch den Leitartikel gekennzeichnet. Dieser ist eine Reportage mit dem in großen Buchstaben hervorgehobenen Titel „Nach Paris, der König nach Paris!" und handelt von dem Sturm vieler Pariser Bürgerinnen auf Versailles, um den König gewaltsam nach Paris zu bringen. Darunter ist eine zeitgenössische Abbildung der Bürgerinnen mit entsprechendem Untertitel zu sehen. Neben der Reportage sind auf der anderen Hälfte der Titelseite weitere journalistische Textgattungen angeordnet. So kann man auf der linken Seite ein Interview mit einer der Bürgerinnen lesen, welches hier in einem altmodischen Dialekt geschrieben wurde. Auf der rechten Seite steht auf derselben Höhe ein Kommentar zu den „aktuellen" Ereignissen. Ganz unten auf der Titelseite ist ein kurzer Artikel über Ludwig XVI. eingefügt, welcher einen Ausblick auf „zukünftige" Auswirkungen enthält. Unter den Artikeln sind die Namen der Redakteure vermerkt. Sowohl am oberen als auch am unteren Seitenrand sind Verweise auf den weiteren Inhalt der Zeitung, so gibt es ganz nach dem Vorbild einer modernen Zeitung einen Politik- und einen Wirtschaftsteil und eine Sportseite in den hinteren Abschnitten. Trotz des hohen Informationsgehalts in den verschiedenen Texten hat die Zeitung einige unterhaltende Elemente für den Leser parat. So ist der Leitartikel mit vielen ausschmückenden Adjektiven versehen, die dem Leser die Umstände und Geschehnisse leichter visuell vorstellbar machen und das Interesse für das Thema aufrechterhalten können. Mit dem schwer verständlichen Dialekt im Interview und der Spalte für aktuelle Fußballergebnisse erhält die Zeitung zusätzlich auch einen humoristischen Charakter.[40]

---

[39] Seeger, Michael: Patriote français, in: Michael Seeger (Mai 1995). URL: http://www.michaelseeger.de/zeitg/hist/patriote.html#2.%20%22Patriote%20fran%C3%A7ais%22 (letzter Zugriff: 03.09.2019).
[40] Sauer, Geschichte unterrichten (wie Anm. 12), 2015, S. 306.

Illustration des Beispiels „Patriote français" (1995)[41]:

Anm. der Red.: Diese Abb. wurde aus urheberrechtlichen Gründen entfernt.

Für die Quellenbelegung der Zeitung kann im Impressum eine Liste der verwendeten Werke und Quellen aufgeführt werden. Diese kann außerdem Interessenten zur weiteren Auseinandersetzung mit dem Thema führen und weitere Arbeit damit ermöglichen.[42] Im handlungsorientierten Geschichtsunterricht soll die Aktivität der Schüler nicht mit der Fertigstellung des Produkts „Geschichtszeitung" enden, denn das Prinzip der Handlungsorientierung erfordert eine intensive Phase der Nachbereitung, in welcher der Inhalt der erstellten Zeitung relativiert und der gewonnenen Kenntnisse gefestigt werden.[43]

3. Schluss

Die Geschichtszeitung ist ein fiktives Werk, das beim Leser den Anschein erweckt, historisch zu sein. Das Erscheinungsbild als vertrautes Medium Zeitung kann jedoch die Bedeutung der Geschichtswissenschaft für die Gegenwart dem Leser bewusst werden lassen. Im handlungsorientierten Geschichtsunterricht kann die eigene Erstellung einer Geschichtszeitung durch das Zusammenspiel von Handeln und Denken das historische Lernen fördern, indem die Vergangenheit auf praktische Weise mit der Gegenwart verbunden wird. Dies lässt sich in erster Linie nur mit hohem technischem Aufwand und in Form eines zeitintensiven Projekts umsetzen, das meist nur in Leistungskursen durchführbar ist. Zusammenfassend betrachtet kommt man jedoch zu dem Ergebnis, dass der Einsatz und die Erstellung der Geschichtszeitung im Geschichtsunterricht sinnvoll ist. Denn sie ruft eine hohe Motivation der Schüler für den Geschichtsunterricht hervor und schärft deren historisches Fachwissen. Ebenso vermittelt sie zahlreiche Kenntnisse und Fertigkeiten in den Bereichen historischen Arbeitens und im Umgang mit Medien. Die Lehrperson muss für das Projekt viele Vorbereitungen treffen und die Schüler während der Erstellung betreuen. So entsteht ein Produkt, das einen möglichst professionellen Eindruck hinterlässt. So wie der „Patriote français" des Leistungskurses von Michael Seeger. Das Prinzip des handlungsorientierten Geschichtsunterrichts und in dessen Rahmen das Projekt

---

[41] Seeger, Michael: Patriote français, in: Michael Seeger (Mai 1995). URL: http://www.michaelseeger.de/projarbeit/bilder/patriote_7.10..jpg (letzter Zugriff: 03.09.2019).
[42] Hantsche, Zwischen Quelle und Fiktion (wie Anm. 2), 1995, S. 80.
[43] Pollmann, Hands-on, minds-on (wie Anm. 10), 2016, S. 89-90 u. 98-101.

„Geschichtszeitung" sollten in jedem Fall weiterhin Bestandteil des Lehramtsstudiums bleiben.

Literaturverzeichnis

Barricelli, Michele: Schüler erzählen Geschichte. Narrative Kompetenz im Geschichtsunterricht, Schwalbach 2005.

Bergmann, Klaus: Multperspektivität, in: **Mayer**, Ulrich; **Pandel**, Hans-Jürgen; **Schneider**, Gerhard (Hg.): Handbuch Methoden im Geschichtsunterricht, Schwalbach 2011.

Geschichte, Kompetenzorientierung im Fach Geschichte. **Kompetenzstrukturmodell**, in: Staatsinstitut für Schulqualität und Bildungsforschung München. URL: https://www.lehrplanplus.bayern.de/fachprofil/gymnasium/geschichte (letzter Zugriff: 03.09.2019).

Hantsche, Irmgard: Zwischen Quelle und Fiktion. Aktualisierung von Geschichte in historischen Zeitungen, in: **Henke-Bockschatz**, Gerhard (Hg.): Geschichte und historisches Lernen. Jochen Huhn zum 65. Geburtstag, Kassel 1995.

Memminger, Josef: Schüler schreiben Geschichte. Kreatives Schreiben im Geschichtsunterricht zwischen Fiktionalität und Faktizität, Schwalbach 2007.

Pollmann, Ruth Fiona: Hands-on, minds-on. Theoretische Grundlagen zur handlungsorientierten Arbeit mit Zeitungen im Geschichtsunterricht, in: **Kuchler**, Christian; **Städter**, Benjamin (Hg.): Zeitungen von gestern für das Lernen von morgen? Historische Tagespresse im Geschichtsunterricht, Göttingen 2016.

Sauer, Michael: Geschichte unterrichten. Eine Einführung in die Didaktik und Methodik, Seelze 2015[10].

Seeger, Michael: Patriote français, in: Michael Seeger (Mai 1995). URL: http://www.michaelseeger.de/zeitg/hist/patriote.html#2.%20%22Patriote%20fran%C3%A7ais%22 (letzter Zugriff: 03.09.2019).

Völkel, Bärbel: Handlungsorientierung im Geschichtsunterricht, Schwalbach 2005.